Luisa Futoransky

The Duration

of

the Voyage

Selected
Poems

Edited & Translated by Jason Weiss

Junction Press

San Diego

1997

Para Stephanie Fletfam
con alegría por muchos encuentros
el 1er día que salió The Duration
un abrazo en 7mbre Luisa F...
y vive 8/10/97

The poems in this volume first appeared in the following: *Lo regado por lo seco* (Buenos Aires: Ediciones Noé, 1972), *Partir, digo* (Valencia: Editorial Prometeo, 1982), *El diván de la puerta dorada* (Madrid: Ediciones Torremozas, 1984), *La sanguina* (Barcelona: Taifa, 1987), *La Parca, enfrente* (Buenos Aires: Tierra Firme, 1995), and *Cortezas y fulgores* (Albacete: Barcarola, 1997). Earlier versions of some of the translations have appeared in *Mandorla, Sphinx, Sulfur, Two Lines,* and *Tikkun*.
Cover art: Albrecht Dürer, *The Knight, Death and the Devil*, courtesy of Kestrel Fine Arts.

Library of Congress Catalogue Card Number: 97-074814
ISBN: 1-881523-07-1
Junction Press
PO Box 40537
San Diego CA 92164

CONTENTS

DE TRUJILLO, CON AMOR

Fueron necesarios los despojos de la arrogancia,
el diálogo incesante de las algas y las piedras,
las imágenes misteriosas hasta el insulto,
me explico; vírgenes exhibiendo como gozosos trofeos de su
    majestad
pequeñas alcachofas;
Cristos saludables o desesperados hasta el cinismo,
la provocación al suicidio o el deseo,
para que en la ciudad más densa de fantasmas
construyera un escándalo de amor.

Fui rica y bella en Trujillo
—esa ciudad de mancos y de cojos,
estigmatizada quizá, por la crueldad de sus mayores—
fui rica y bella en Trujillo
mientras él repetía:
"No son hermosos los hijos de Pizarro"
y temblábamos de leyendas y de pieles
despertando las piedras sabiamente dispuestas
en este profundo laberinto del encuentro,
y reíamos en las mazmorras
o la torre de los astrólogos locos
y furtivos nos besábamos ante las castellanas
ataviadas con sus más bellas gemas
para la fugacidad de nuestro paso
y también ante los adolescentes que desvergonzados
bebían en la plaza nuestro alegre impudor
inventándonos luego una historia
en la austera, estrecha soledad de sus habitaciones.
Y también gozamos en la propia mesa
y en la propia tumba de los conquistadores
frente a sus botines, exvotos
relicarios y armaduras.

FROM TRUJILLO, WITH LOVE

It was all necessary, the spoils of arrogance,
the endless dialogue of seaweed and stones,
images mysterious to the point of insult.
I'll explain myself: virgins showing off
little artichokes
like delightful trophies of their majesty;
christs healthy or cynical with despair,
provoking suicide or desire,
so that in the city most teeming with ghosts
one might build a scandal of love.

I was rich and beautiful in Trujillo
—that city of the lame and the one-armed,
branded perhaps by the cruelty of their elders—
I was rich and beautiful in Trujillo
while he repeated:
"Pizarro's children are not pretty"
legends and skins made us tremble
waking the stones wisely arranged
in this deep labyrinth of the encounter,
and we laughed in the dungeons
or the tower of the crazy astrologers
and furtively we kissed before the chatelaines
arrayed in their finest gems
for the fleetingness of our passage
and also before the impudent adolescents in the plaza
who drank in our happy shamelessness
later inventing a story about us
in the cramped austere solitude of their rooms.
And we also delighted at the very table
and the very tomb of the conquistadors,
in the presence of their booty, exvotos,
reliquaries and armor.

Esa mañana en que partimos de Trujillo
quedó roto el sortilegio
y cuando volví la cabeza
apenas restaban del conjuro
un puñado de guijarros
y hartísima ceniza.

That morning when we left Trujillo
the enchantment was broken
and when I turned my head
all that was left of the spell
was a handful of pebbles
and a lot of ashes.

FEUDO DE LOT

A la hora de las palabras, padre, adoní mío, deje en mis manos la
vergüenza que no siento, y encárgueme la tarea de la justificación,
eso que llaman historia.
Lo cierto es que cada tierra tiene sus frutos predilectos y aquí no
germina el arroz, florece el trigo o el café, no hay tampoco oro,
metales, ni gemas para la codicia, pero no ha existido ni existirá
sitio como éste para los racimos de la demencia.
En esta comarca sólo cultivamos con amor y somos pródigos en
locos. Todos lo saben por haber padecido alguno. Los nuestros
son inquietantes y perpetuos; brotan entre las piedras, reverdecen
en cualquier generación, se mimetizan aguardando el momento
oportuno para finalmente aparecer tronantes como esos ríos del
diablo, con los vivos y los muertos.

Mi hermana y yo hicimos esta larga peregrinación hasta las fuentes
(no es necesario que nos excuse, pues por fortuna hombres no nos
faltan) para vernos por dentro. ¡Qué fascinación padre, ver correr
por nuestras venas sin defecto a la abuela de la abuela con su
cazamariposas; las enfermedades, los amores del tío, de mi hermano
y de nuestros nietos!

Una sábana morada, olorosa, densa, una tormenta por donde se
deslizaron todas las respiraciones hasta que el aire se puso tan espeso
deconocimiento que vomitamos hasta el último recuerdo y no fue
bastante.

Este es un momento en que la historia admite todo tipo de re-
visiones, digamos entonces que en verdad usted no estaba ebrio,
que lo pasamos medianamente bien, que después todos fuimos a
la playa, que las perdices que preparó mamá estaban estupendas y
que luego todos gozamos de un feliz sueño reparador.

LOT'S FEUD

At the time for words, father, my adonai, leave it in my hands, the shame that I don't feel, and assign to me the job of justification, what they call history.

The fact is that every land has its favorite fruits and here it is not rice that sprouts, wheat or coffee that flowers, nor are there gold, metals, or gems to covet, but there never was or will be so fertile a place for the vines of dementia.

In this region we cultivate only with love and abound in madmen. Everyone knows this from having had to put up with one. Our own madmen are perpetual and disturbing; they spring up among stones, grow back in any generation, blend in awaiting the right moment to mow down at last the living and the dead, thundering like those rivers that rain nothing but stones

My sister and I made this long pilgrimage to the sources in order to see ourselves from inside. How fascinating, father, to see running flawlessly through our veins, back to our grandmother's grandmother with her butterfly net, the infirmities, the loves of our uncle, my brother, our grandchildren!

A dense, fragrant, purple sheet, a storm where every breath slipped away until the air became so thick with knowledge that we vomited up even our last memory and it wasn't enough.

This is a moment in which history admits all sorts of revisions, so let's just say you really were not drunk, we had a fairly good time, later we all went to the beach, the partridges mama cooked were stupendous and then we all enjoyed a happy refreshing sleep.

NON LASCIARMI GIAMMAI

A la hora de la verdad, esa noche en el Alcalá Palace, la orquesta,
Magdalena Bonnifaccio, el povero Rigoletto y yo confundimos
nuestras torpezas;

a mí empezaron a unírseme las lágrimas en la barbilla; será porque
a esa etapa del análisis no llegué, pero lo cierto es que nunca pude
aguantarme la muerte de Gilda en firme, y hubiera deseado que
como en las canchas de fútbol o las plazas de toros, la gente, de
golpe, cinco minutos antes de que termine la cosa se desbandara;
pero esa noche no rajé y desde ese espectáculo pobretón en los
madriles levantí mi ostuario cuarteado por la pena, apreté mis
manos una contra la otra hasta hacerme daño para decir por dentro.

"esta piel que te duele tanto no resiste la voz de ese tipo gritando
non lasciarmi giammai porque te hace hablar con El Otro, el ausente
que funciona a la medida exacta de tu amor y quién te manda a
vivir quemando las naves si no hay ya américas para descubrir ni
moctezumas para amar";

pero estos deben ser los trabajos de hércules y ya me estoy
equivocando de ópera y voy y vuelvo de estos decorados de papel
arrugado, este gallego que canta como puede a las casas de la
ausencia, las casas para reinventarte el amor en los lugares donde
el piso empieza a temblar igual que tu pulso, los grandes hitos o
mojones de la geografía de cada uno, esos límites imprecisos y
siempre en guerra con los vecinos, los invasores, los equipos lo-
cales y los visitantes, pero en esos partidos Gardel asegura que solo
se quiere una vez y cómo voy a contradecirlo a él que es un experto
nivelador de la nostalgia cuando en todas las carreteras del mundo
me detengo a poner en las maquinitas

yo adivino el parpadeo de las luces
que a lo lejos van marcando mi retorno

Las luces dicen que Gilda no está muerta porque le entregan un
ramo de flores, algunos gritan ¡bravo!, ella saluda, traspira, sonríe,
en Madrid nieva, alguien sube a un taxi y después sollozará quedito

NON LASCIARMI GIAMMAI

At the hour of truth, that night in the Alcalá Palace, the orchestra,
Magdalena Bonnifaccio, poor Rigoletto and I confounded our blunders;

tears began to gather on my chin, it's because I didn't reach that
stage of analysis, but what's for sure is that I never could put up
with Gilda's death all the way to the end, and I would wish that
the people, like at soccer fields or bullrings, suddenly, five minutes
before the thing is over, would disperse; but that night I didn't
split and since that wretched show in Madrid I've raised my grief-
cracked estuary, I've squeezed my hands together until I injured
them in order to tell myself: "this skin that hurts you so much does
not resist that fellow's voice shouting *non lasciarmi giammai* be-
cause it makes you speak with The Other, the absent one who
functions in exact proportion to your love and who tells you to
live burning your boats if there are no more americas to discover
nor montezumas to love;"

but these must be the labors of hercules and now I'm getting the
opera wrong and I'm coming and going between these crumpled
paper sets, this galician singing as best he can to the houses of ab-
sence, the houses for reinventing love in places where the floor
begins to tremble like your pulse, the great milestones or land-
marks of each one's geography, those imprecise limits always at
war with the neighbors, the invaders, the local and visiting teams,
but in those games Gardel assures us that you're only loved once
and how am I going to contradict him an expert leveler of nostal-
gia when along every highway in the world I stop to put money in
the jukebox

I can see the blinking of the lights
that far away signal my return

The lights are saying that Gilda isn't dead because they're giving
her a bouquet of flowers, some shout bravo! she waves, perspires,
smiles, in Madrid it's snowing, someone gets in a taxi and after-

en la almohada non-lasciarmi-giam-maaaii hasta que en el lienzo queden las huellas del rimmel y más tarde por fin dormirse o morirse que es lo mismo, así cuando mañana se beba el café de todos los días y vengan los observadores imparciales puedan asegurar tranquilos que aquí no ha pasado nada.

wards sobs quietly into the pillow non-lasciarmi-giam-maaaii until mascara stains the sheets and later finally goes to sleep, or dies, which is the same, so that tomorrow when she drinks her daily coffee and the impartial observers arrive they can calmly assure themselves that nothing has happened here at all.

VITRAUX DE EXILIO

Toda la eficacia de los nombres
que trabajosamente la imaginería construyó para fascinarte
se derrumban silenciosos:
un rico cementerio de cenizas
eso es hoy, tu geografía.

Aprendiste a costa de tu juventud
y de gran parte de tu inocencia
que estar sólo en un depojado suburbio de las pampas
o en la fastuosa Samarkanda
tiene la misma dimensión de olvido o de tragedia;
que el viento nunca tuvo piedad para esparcir
las piedras y los muertos, que sólo los turistas de solemnidad
se fotografían ante los vidrios de colores

porque decir país es musitar apenas cuatro letras
y tras ellas la densidad de secretas combinaciones
lápidas de extraños que llevan nuestro nombre
y pálidas fotos que conservan el eco de tu paso
hacia el amor o la desesperanza.
Es también la memoria de trabajos fatigosos
o quizá alguna vieja melodía
que retiene los primeros riesgos de tu juventud.

Un país es tu nombre
y la ácida violencia con que acude una palabra
a tu indefensa boca de viajero.
Es un mapa con un río cuya desembocadura y nacimiento
se unen, curiosamente, en el punto exacto de la tierra
que desea abonar tu osario.

Son amaneceres, insomnios, saludos, cólera
un brazo, un hombro, diminutivos, insultos
despedidas, jardines, encuentros, temblores,
promesas, otoños, rieles, desafíos
sustantivos absolutos que no admiten
otra explicación a su peso de fantasmas:
éstos y no otros.

VITRAUX OF EXILE

All the efficacy of the names
which the imagery laboriously built up to fascinate you
falls silent:
a rich cemetery of ashes
that, now, is your geography.

You learned at the cost of your youth
and most of your innocence
that to be alone in a forsaken suburb of the pampas
or in splendid Samarkand
holds the same dimension of oblivion or tragedy;
that the wind never took pity scattering
stones and the dead, that only the doomed tourists
take each other's photos showing off their glass beads

because to say country is to whisper barely seven letters
and through them the density of secret combinations
gravestones of strangers bearing our name
and pale photos that preserve the echo of your passage
toward love or despair.
It's also the memory of tiring labors
or maybe some old tune
that retains the first risks of your youth.

A country is your name
and the acid violence with which a word comes
to your defenseless traveler's mouth.
It's a map with a river whose source and outlet
curiously unite at the exact spot on earth
that your bones wish to fertilize.

It's daybreaks, insomnias, salutations, anger,
an arm, a shoulder, diminutives, insults,
farewells, gardens, meetings, tremors,
promises, autumns, rails, challenges,
absolute nouns that allow
no other explanation for its weight in ghosts:
these and not others.

LA PIEDRA Y EL FETICHE DE KISÓ

En Kisó me detuve a tantear la gran piedra del amor
porque dicen que allí durante siglos
los samurais juraban sus promesas.

La toqué con mi superstición habitual
murmurando por lo bajo lo de siempre:
que esta vez se me dé la alegría (un poco)
y el olvido (tanto)!

Furiosa, la humedad oscurecía hasta las últimas hojas de los
bambúes
pájaros desconocidos vociferaban en lenguas aún más desconocidas
nuestra salvaje y ridícula confusión.

A primera vista, debería ser tan fácil perder aquí hasta los muertos!
Simplemente arrojarlos en cualquier cañada;
se pudrirían veloces, les crecerían algas
y luego los paladearíamos gustosos con las salsas del ceremonial.

En Kisó, podría, empezarse de nuevo con las cosas y la gente
cambiando abruptamente la pasión del abecedario
por la de la paja y el leño,
pero la imagen más desprevenida reaviva la intensidad de mis
             obsesiones
kayabuki, un tipo de casa japonesa
que asoma por la ventanilla de algunos trenes
me transporta al rancho
y en esas construcciones remotas
donde el verde es su propio límite
farfullo: pampa, pampa, la-pam-pa.
Sin falta, deberé aprender la técnica oriental
de no mostrar la hilacha del amor y / o dolor
que me desbordan.

En principio, me procuré en Kisó
un ahuyentademonios
para que con cualquier palabra,
cualquier gesto que prodigo

THE ROCK OF KISO AND THE FETISH

In Kiso I stopped to touch the great rock of love
because it's said that for centuries
the samurais made their vows there.

I did so with my usual superstition
whispering as always:
this time give me happiness (a little)
and forgetfulness (a lot)!

Raging, the humidity darkened the uppermost leaves of the
          bamboo
unknown birds proclaimed in tongues still more unknown
our wild and ridiculous confusion.

At first sight, it would seem so easy here to lose even the dead!
Simply throw them in a stream;
they'd rot quickly, algae would grow on them,
and then gladly we'd taste them with the ceremonial sauces.

In Kiso one could start all over again with things and people
abruptly exchanging the passion for the alphabet
for the passion for straw and wood,
but the most unexpected image revives the intensity of my
          obsessions—
kayabuki, a kind of Japanese house
appearing through the window of certain trains
carries me back to the hut
and those distant structures
where the green is its own limit.
I babble: pampa, pampa, the-pam-pa.
Without doubt, I should learn the oriental technique
of playing it close to the vest
in love and / or pain.

Most important, I got
a demon-chaser in Kiso
so that with any word,
any gesture I lavish,

no se crezcan los míos
tan fecundos como estos arrozales.

Veremos
la piedra samurai y el fetiche de Kisó
qué tal se portan.

my own won't grow
as fecund as these rice paddies.

We shall see
how the rock of the samurais and the fetish from Kiso
behave.

MASATSUGO

El padre cose kimonos.
La madre trabaja de peluquera.
Masatsugo toca un tambor que se llama *taiko*
y duerme en el suelo del negocio.
La madre ayer llorando le dijo que basta de música
que hay que ganarse la vida de otra manera.
Fuimos al cementerio budista de los samurais del barrio
a pasear con mi cachorro Tango.
Bebimos saké y nos acostamos.

Lo mejor que tiene es que aún dormido, se sonríe.

TATOONG

Budas de oro de Tatoong con el centro del equilibrio en llamas
budas con guardianes que les tañen sabias mandolinas para
adormecerlos

en tanto la intérprete se esfuerza ante una trinidad fulgurante
explicando que las figuras de los costados son los secretarios
pero sin aclarar de qué facción, de qué partido cósmico
qué papeleos hay que completar para pasarse del azul
al naranja de la iluminación

cuántas encarnaciones a la intemperie en las chozas de Yunnang
cuánta seda y estiércol y sudores a caballo
y leche de yak para que la ráfaga de silencio y viento
me haga dudar de mi luz y de mi sombra

pero los japoneses están filmando rumorosas secuencias
de artes marciales a los pies del Contemplador
y después nos vamos en nuestros buses a vaciarnos
de más cenas, más templos, más compras

qué hacen estas decenas de miles de budas por las noches
para estar tan compuestos y felices al amanecer?

MASATSUGO

The father sews kimonos.
The mother works as a hairdresser.
Masatsugo plays a *taiko* drum
and sleeps on the floor in the shop.
The mother crying yesterday told him enough of music
he has to find another way to earn a living.
We went to the Buddhist cemetery for local samurais
strolling with my puppy Tango.
We drank saké and slept together.

The best thing about him is that even asleep he smiles.

TATOONG

Golden buddhas of Tatoong with their centers of balance in flames
buddhas with guardians strumming wise mandolins to help them
sleep

meanwhile the interpreter strives before a shining trinity
explaining that the figures on the sides are the secretaries
but without specifying as to what faction, which cosmic party
what paperwork they have to fill out to pass from the blue
to the orange of illumination

how many incarnations at the mercy of the elements in the shacks
of Yunnan how much silk and manure and horse sweat
and yak's milk so that the gust of silence and wind
causes me to doubt my light and shadow

but the Japanese are filming murmured sequences
of martial arts at the feet of the Contemplator
and after we go off in our buses to empty ourselves
of more dinners, more temples, more purchases

what do these tens of thousands of buddhas do at night
to be so happy and composed the next morning?

FIN DE POEMA

la mañana crece de separaciones
alza vallas que la humedad de la noche
había destruido por precariedad
la mañana planta garrochas de no pasarán
y hay un fango desconocido entre mis calles
mis palabras avergonzadas, mis viejos modos de morir

los animales han recibido las señales de los cuervos y las palomas
no deben comer en las plazas públicas de manos de los forasteros
sin nombre, sin destino sin riesgos, sin palabras para cambiar como
vidrios de colores en el mercado de las piedras negras y sin inscrip-
ciones para grabar corazones heridos de muerte en las cortezas de
los árboles y tatuar nombres para que los viajeros de una hora
incierta sepan que alguien ama a alguien y quiere que después de
tantos siglos alguien vuelva a saberlo.

en las fábulas ilustradas los bosques al oscurecer se alargan en
pinchudos fantasmas de ojos enormes que aterran a los niños que
deben atravesarlos de parte a parte en comisiones absurdas y con
cestas de víveres ajenos; pero mis árboles son así de día, de noche
se están quietecitos y amables, mientras me aferro a ramas
debilísimas por si detrás hay un tronco y dentro está la savia de la
verdad, pero sólo encuentro indescifrables jeroglíficos y diestros
shiringueiros que recolectan todo el caucho para otros fines, se
arrampican como monos hasta desmantelar la foresta pero el
idioma vegetal viaja en otros planos y yo divago por divagar las
torpezas que querría refrescar a la sombra de los baobabs en espera
del santón indio que con sólo mirarme barrerá los deseos, lavará la
memoria y hará perder mis rastros dentro de mis propios laberintos
y olvidaré también todos los lenguajes y gemidos y espejismos y
remansos y no me moveré nunca más

que tengo miedo de saber quién eres
que tengo miedo de que no sepas quién soy

háblame pues quedamente de la ayahuasca que me duele de raíz
porque me abre el fervor de la tierra a la que creí pertenecer, que

END OF THE POEM

the morning grows from separations
raises valleys that the night's humidity
had precariously destroyed
the morning plants lances so that they shall not pass
and there is an unknown mud along my streets,
my shame-faced words, my old ways of dying

the animals have received signs from the crows and the pigeons in
the public squares must not eat from the hands of nameless strang-
ers, without destiny without risks, without words to exchange like
glass beads in the market of black stones and without engraved
inscriptions of mortally-wounded hearts and names tattooed in
the bark of trees so that at whatever hour travelers may know that
someone loves someone and wants for someone after so many
centuries to know it again.

in illustrated fables the forests deepen at nightfall with prickly ghosts
whose enormous eyes terrify the children who must cross through
them from place to place on absurd missions, carrying baskets of
someone else's provisions; but my trees are like that by day, by
night they remain still and friendly, while I cling to sickly branches
in hopes of a trunk inside of which is the sap of truth, but instead I
find indecipherable hieroglyphics and skillful harvesters who gather
all the rubber for other ends, they scoot about like monkeys till
they dismantle the forest but the language of vegetation travels on
other planes and I ramble just to ramble the blunders I'd like to
cool off in the baobabs' shade while waiting for the indian holy
man who simply by looking at me will sweep away my desires,
wash my memory and cause me to lose track of myself within my
own labyrinths and I shall forget as well all the tongues and moans
and mirages and backwaters and I shall move no more

because I'm afraid to know who you are
because I'm afraid that you don't know who I am

speak to me quietly then of the ayahuasca plant that wounds me
to the root because the fervor of the earth opens me to where I

amo todavía hasta mi crispación última, pero que no supo conservarme

la misma razón que vale para haber estado contigo sirve para no estar, el sí y el no de las sombras curvadas en las trígonas monedas del I Ching

—la sal en la selva tiene gran valor— repetiste, y yo veía deslizarse ante mis ojos, vez tras vez, las mismas llamas de los andes, enjaezadas de colores con los panes de sal color caramelo al lomo; y sé que lo confundo todo sin remedio, la jungla con la montaña pero las llamas no, que son las mismas y bajan incesantes la misma cuesta todos los días de mi vida mientras yo sigo lamiendo el mismo pan de sal por los siglos de los siglos

y viniste a tokio a hablarme del Juan Santos Atahualpa que se fue con el humo y como un orfebre cuidadoso que tuviera el metal más noble entre las manos, desbrozarme de escarcha el corazón

cada uno de nosotros compartió a modo de botín dos colores para conjurar los huesos cuando se entremezcan por algún escalofrío pudoroso y balbuceante pero esplendoroso como luz mala avistada por las pampas del desorden

diré que te abro los brazos en alguna onda de luz que no regresará a su arco, una onda anárquica siempre se filtra entre los ángeles para que se origine el caos, se desencadene la historia y prometeo pueda andar robando fuegos y soplando narices

saltemos a la cuerda, cantemos rondas sobre el puente de avignon, vendémonos los labios y volemos suavemente en el vacío que después de la caída hay un país verde; núbiles aguateras sacian los ojos del sediento y le curan las heridas con bálsamos fragantes, luego te dejan las piedras mágicas que permiten entenderse con las bestias, te montas en el unicornio, atraviesas las constelaciones y ya no existe otra cosa que la dicha, sólo la partícula de aire que es nada

las ganas de morirse las ganas de vivir se funden en la misma corriente dulcemente

thought I belonged, which I still will love unto my final spasm, but which did not know how to keep me

the rationale for having stayed with you works as well for leaving, the yes and no of the curved shadows in the triangular coins of the I Ching

"salt in the jungle has great value," you repeated, and I saw slipping away before my eyes, time after time, the same llamas in the andes, with their colorful trappings and the caramel-colored loaves of salt on their backs; and I know that I'm confusing everything all the time, the jungle for the mountain, but not the llamas, they're the same and they descend incessantly the same slope every day of my life while I keep licking the same loaf of salt forever and ever

and you came to tokyo to speak to me of Juan Santos Atahualpa who went away with the smoke, like a careful goldsmith who held the noblest of metals between his hands, you came to clear the frost from my heart

each of us shared like plunder two colors for tossing the bones when they shudder from some modest stammering chill yet resplendent as a will-o'-the-wisp glimpsed across the pampas of disorder

I'll say that I open my arms to you in some wave of light that will not return to its bow, an anarchic wave always filters among the angels so that chaos may spring forth and history become unleashed, and prometheus can go about stealing fires and blowing into nostrils

let us skip rope, let us sing rounds on the bridge of avignon, let us sell our lips and fly softly through the void since after the fall there is a green country: nubile water-bearers sate the eyes of the thirsty, heal wounds with fragrant balsam, then leave the magic stones that allow you to communicate with the animals, you ride on the unicorn, you cross constellations and nothing else exists but happiness, only the particle of air which is nothing

the wish to die the wish to live blend sweetly together in the same stream

29

me he resistido tanto a la simpleza, tanto tiempo para liberar a los
guisantes de la vaina
tengo tres guisantes en la palma de mi mano; tres guisantes verdes,
tiernos, sin destino: uno para saber, uno para comprender, uno
para olvidar saber y comprender

pero me hacen mal los relojes, me despiertan los dolores estoy alerta
ante la vergüenza que significa dar un hachazo al centro de cualquier
ser vivo y no saber hasta el instante demasiado tarde del después si
dentro estaban las gemas de la maravilla o se trataba apenas de unas
vísceras mustias, tibias y modestas; pero es por la brevísima esperanza
de ese único instante que el resto merece ser vivido

en algún lugar del mundo en estos momentos otello se está
pintarrajeando la cara de betún para fingirse celoso de desdémona

mimí repetirá entre toses, llanto y nieve parisinos
"sempre tua per la vita"
mientras yo, decididamente sin cambiar de género, opto por el ban-
do del dragón y nunca jamás por el de san jorge

la gentileza de las fábulas llama malévolamente a la puerta de mi
casa diciendo que en estas ocasiones, en los libros de caballería se
acostumbra que a las doce y cuarto me confirmes la validez de mi
presencia en la irremediable nadería de esta historia; y yo no le
cierro la puerta en las narices a la ridícula perversa, dejo que me
pique el brazo, me venda manzanas que se pudrirán en los cajones,
y los marineros que me conocen las mañas tienen que amarrarme
para que no caiga de hinojos a suplicarle a las sirenas y me engulla
con avidez los menjurjes de la circe que al menos me hubiera
convertido en jabalí que no quiero ser mansa

las pavesas ya entraron en la piel y no sé de qué sirven las estrellas
en la sangre ni los cristales ni los peces de colores ni los lotos muertos
de tedio ni los jaguares montando guardia en las esquinas

hay espigas maduras y amapolas inclinadas en la opulencia de los
viejos itinerarios

la misma simiente volvió a germinar el mismo sitio para que le co-

so much have I resisted simplicity, so much time to free the peas from the pod I hold three peas in the palm of my hand, three green peas, tender, without destiny: one for knowing, one for understanding, one for forgetting knowledge and understanding

but clocks harm me, pains awaken me I'm alert to the shame that comes of chopping at the middle of any living being and not knowing until the instant after it's too late if inside were the gems of wonder or just some withered, lukewarm, humble guts; but it's because of the hope flickering in that single brief instant that the rest deserves to be lived

somewhere in the world at this moment otello is daubing his face with shoe polish in order to pretend to be jealous of desdemona

mimi between parisian coughs, tears and snow will repeat
"sempre tua per la vita"
while I, decidedly without changing my ways, side with the dragon's party and never ever with saint george's

the charm of the fables knocks malevolently at my door, saying on these occasions in the books of chivalry it's the custom that at twelve-fifteen you confirm the validity of my presence in the irremediable trifle of this story; and I don't shut the door in the ridiculous depraved woman's face, I let her prick my arm, sell me apples that will rot in the crates, and the sailors who know my talents have to tie me up so that I don't fall to my knees imploring the sirens and eagerly gulp down circe's potion which at least would have turned me into a wild boar since I don't want to be tame

the sparks have already entered the skin and I don't know the function of the stars in the blood nor the crystals nor the goldfish nor the bored-to-death lotuses nor the jaguars on guard at the corners

ripe tassels of grain and poppies bend in the opulence of old itineraries

the same seed sprouted again in the same spot so that it could know

nozca toda la fugacidad del paso

destinatario del sello del ceremonial y del silencio
cómplice fugaz de tanto desaliento
tiro los dados por obligación del rito
y no tiene importancia que comprendas

de todas maneras la judía errante parte con su alforja de nimiedades
y fruslerías por el estrecho sendero de la luna; tiene miedo de una
hoja de otoño, del nombre de los vientos, de su incapacidad para
leer las brújulas, de seguir andando; dime por qué no se detiene y
espera que salga el sol, lo sé, el terror sería el mismo, pero a todas
luces, perderse a caballo, lentamente de espaldas en el desfiladero,
en silencio y con las sombras, es buen fin de poema.

how fleeting the passage

recipient of the seal of silence
fleeting accomplice of so much discouragement
I throw the dice because the rite obliges
and it doesn't matter if you understand

at any rate the wandering jew sets off with her knapsack of baubles
and trinkets along the narrow path of the moon; she's afraid of an
autumn leaf, the name of the winds, her inability to read com-
passes, to keep walking; tell me why she doesn't stop and wait for
the sun to come out, I know, the terror would be the same, but
clearly to disappear on horseback, slowly through the narrow pass,
in silence and shadows, is a fine end of the poem.

TIEMPO TORMENTOSO

Un aparecido tras el ojo de buey
en una noche en que el alcohol
sació tus ojos hasta la náusea de nacer:
siempre
      casa
          lecho
             más que palabras
             más que imágenes
             más que abrigo / son
una granada ciega que estalla sin piedad
sobre tus azorados amores.

La batalla recomienza; de antemano rindes las armas
(aquellas que fueron veladas en horas de infortunio
a demencial usanza de tu ardor caballeresco)
y la frágil estrategia de las alianzas nocturnas
puebla tu historia de minúsculos
pero no por eso menos luctuosos misterios:
tal vez un caramelo guardado en el puño desde la infancia
hasta que lo dulce es amargo, el damasco andrajos
y el faisán real, un hueso que no te atreverías a distinguir de una
          gallina vieja roída por los gusanos de todo lo vivo.

El eco te repite:
"Porque entregaste todas las llaves
de nada te servirán la pata de conejo, la herradura
los bálsamos, ensalmos ni exorcismos protectores;
no hay torcazas, olivos, madrépora ni yerbabuena
para aplacar el apasionado naufragio
que es tu vida".

STORMY WEATHER

A ghost through the porthole
on a night when the alcohol
sated your eyes till you were sick of being born:
always
        house
           bed
                more than words
                more than images
                more than shelter / they are
a blind grenade exploding pitilessly
over your flustered loves.

The battle recommences; in advance you surrender your weapons
(those that were watched over in times of misfortune
according to the insane rules of your chivalrous fervor)
and the fragile strategy of nocturnal alliances
populates your story of tiny
but no less sorrowful mysteries:
perhaps a candy clenched in your fist since childhood
until the sweet becomes bitter, the damask tatters
and the royal pheasant a bone that you wouldn't venture to tell
        from an old hen eaten alive by worms.

The echo keeps telling you:
"Because you handed over all the keys
neither rabbit's foot, horseshoe,
balsams, protective incantations or exorcisms will be of use to you;
there are no ringdoves, olive trees, white coral or mint
to placate the passionate shipwreck
that is your life."

MAS CHAGALL QUE CHAGALL

Es cierto; muchas ciudades conservan
nostalgiosas callejas de antiguas juderías
pero nada como Mea Shearim para perderse,
embriagada en sus rancios olores,
en la historia de los lugarejos todos,
anónimos y perdidos de la Europa central.

Un suburbio que el tiempo voluntariamente olvida
para que uno pueda reconocer que tal vez descienda
de esos levitones lustrosos y sucios,
de esos cenáculos que rehuyen el sol
de esos pepinos, agrios pescados y cáscaras de naranjas,
de esa puerta estrecha, entreabierta lo suficiente
como para filtrar una barba cana y el sonido de un violín,

de esas trabajosas, regateadas transacciones,
de la copita de licor con que la casamentera
promete encontrarte formalmente el marido o la mujer
antes de que sea demasiado tarde
de esa salmodia que balancea su torso con cierta rítmica iracundia
            ante un rollo de papel amorosamente arropado en violen-
            to terciopelo,
de esos extraños galerones que ocultan sudorosas cabezas por donde
            asoman labradas guedejas rojizas o cenicientas,
de esos hombres que desvían su paso y su mirada al cruzar a una mujer,

de esas pálidas, antiguas niñas,
del daguerrotipo viviente de esas jovencitas
que musitan un idioma suspendido, confuso, trasegado
de todos los lugares donde sus padres y los padres de sus padres
fueron castigados
por esa obcecación con que guardan sus vestidos,
cuecen sus dulces, pulen sus diamantes,
repiten sus oraciones
y estoy segura, día a día
intentan fabricar secretamente
un golem que mitigue sus pesares.

MORE CHAGALL THAN CHAGALL

It's true: many cities preserve
nostalgic alleys in ancient Jewish ghettos
but nothing like Mea Shearim to get lost in,
immersed in its rancid odors,
in the history of such dumps,
lost and anonymous in central Europe.

A neighborhood that time willingly forgets
so that one can recognize he might descend
from those soiled, shiny suits,
from those faces that flee the sun,
from those pickles, sour fish and orange peels,
from that narrow door, open just enough
for a gray beard and the sound of a violin to filter through,

from the arduous haggling,
from the shot glass of liquor with which the matchmaker
formally pledges to find you the husband or wife
before it's too late
from that psalmody which rocks his body with a certain rhythmic
            wrath before a scroll of parchment lovingly wrapped in
            violent velvet,
from those strange black hats hiding sweaty heads where elabor-
            ate reddish or ashen ringlets stick out,
from those men who turn aside and look away when passing a woman,

from those pale, ancient little girls,
from the living daguerrotype of those young women
whispering a confused, suspended, mixed-up language
from all the places where their parents and their parents' parents
were punished
for that blindness with which they keep their clothes,
simmer their candies, polish their diamonds,
repeat their prayers
and I'm sure, day by day,
secretly try to make
a golem to relieve their sorrows.

ARRUGAS

la piel de las manos concibe enrevesados ideogramas
que descifro con paciencia

deomañada
brillante
loca de exaltación y de soberbia
o avasallada de dolar hasta el espanto

soy la que soy

INSOMNIO EN LA RUE DE CHARENTON

los ruidos amigos que me tienden habitantes desconocidos

el repartidor de diarios a las 3,35
el repartidor de lácteos a las 4,15
el repartidor de pan a las 5,40

la vecina que orina
el amante que parte
los cirujas que revisan los tachos de basura

oh Paris la nuit

WRINKLES

the skin on my hands conceives intricate ideograms
that I decipher patiently

clumsy
shining
wildly exalted and proud
or overwhelmed by terrifying pain

I am what I am

INSOMNIA ON THE RUE DE CHARENTON

the friendly noises that unknown inhabitants offer me

the newspaper delivery man at 3:35
the milk man at 4:15
the bread man at 5:40

the woman next door urinating
the lover setting out
the scavengers going through the trash bins

oh Paris la nuit

SOMETIMES

Venimos de otros huesos
otros soles y fatigas
y sin embargo
este amor,
a veces.

LA MALA HORA

Hemos cruzado cartas de desventura
año tras año
con la tenacidad que no tenemos
para otras cosas de la vida.

El blanco es un color
que sienta bien a las novias
y a los muertos.

SOMETIMES

We come from other bones
other suns and labors
and yet
this love,
sometimes.

THE WRONG TIME

We've exchanged letters of condolence
year after year
with the persistence that we lack
for life's other things.

White is a color
fitting for brides
and for the dead.

ELLA, LA PESCADORA

Hay tardes en que quisiera ser una mujer portuguesa
de un negro redomado de pelo a uña de los pies
con la sola ocupación de esperar las mareas
que traen y llevan a mi hombre, las algas y los peces.
En cambio, en el reparto de afanes
me tocó creer que descifro las oscilaciones pendulares
de mi alma, de la tuya y las de nuestra parentela de fantasmas
¡oh! las lentejuelas agónicas de los peces en las redes
y yo, silabeando tu rostro con mi desbrujulada roseta de
         champollion
palmo a palmo, vicisitudes de días, noches, vigilias
pieles y sudores de los que soy extranjera sin remedio
(¡no estuve tanto tiempo en ninguno de tus sueños!)
Y ahora te trae la marea a mi corriente, mi delta
vos, amanecido de troncos, espuma, pez araña
serpientes, monstruos marinos, redes, astrolabios
aparecidos que los del mar son los verdaderos
vocales dolorosos, tarantulados
tradúceme, tradúceme
que remo contracorriente y me fatigo
mi sombra se fatiga, pide tregua
levanta jalón blanco
porque aunque se pegue a tu sombra son dos sombras
entonces; contame un cuento:
"las viñas suelen plantarse entre piedras
porque recogen el calor del día
y a la noche se lo devuelven a las viñas"
y tomaste mi mano para detenerla sobre un muro tibio de Lisboa.

A lo mejor habías comprendido que era mi tarde
de ser pescadora portuguesa y no querer tener otra idea en la cabeza
que el latido de la línea de horizonte, la arena entre los pies
y basta.

SHE, THE FISHERWOMAN

There are evenings when I'd like to be a Portuguese woman
utterly in black from head to toe
whose sole occupation is waiting for the tides
that carry out and bring back my man, seaweed and fish.
But in the division of labors
it was my turn to think to decipher the pendular swings
of my soul, of yours, and those of our ghostly relations
oh the dying spangles of the fish in the nets
and I, articulating the syllables of your face with my mapless
              rosetta stone
inch by inch, vicissitudes of days, nights, vigils
skins and sweats where I will always be a stranger
(for so long I was absent from your dreams!)
and now the tide carries you to my current, my delta,
you, awash with tree trunks, foam, spider fish,
serpents, sea monsters, nets, astrolabes,
phantoms—perhaps those at sea are the true ones—
pitiful sounds, tarantulated,
translate, translate to me
because I'm rowing against the current and I'm getting tired,
my shadow grows tired, asks for a truce,
lifts a white flag,
because although it sticks to your shadow they are two shadows;
so tell me a story:
"the vines are usually planted among rocks
because they gather the heat of the day
and at night give it back to the vines"
and you took my hand to hold over a warm wall in Lisbon.

Maybe you had understood that it was my evening
to be a Portuguese fisherwoman and to want no other thought
than the beat of the horizon line, the sand between our feet
and enough.

CASANDRA; VEINTE AÑOS DESPUES, TUS OJOS SON COMO TIGRES

La fiera de estirpe sabe esperar
aprendo
me esmalto las uñas con laca amarronada de Mary Quant
tomo somníferos con cerveza
—por si alguna vez me dan un resultado espectacular—
y a falta de alcanfor
pende de mi cuello
una medalla con una estrellita, dos alas y una bendición
"que los ángeles te protejan en todos los senderos"

la tigre atraviesa el centro histórico de las ciudades
siempre hay objetos de Man Ray, chucherías selectas de Bizancio
        u homenajes a Delacroix
y niñitos que la afanan con billetes
"ayúdennos, somos tres hermanitos hambrientos"

me asomo
la luna roja y las sombras ausentes
fatigan
los ojos de Casandra.

                                                        * * *

            sé por siempre mi huésped
            el resto es escoria en la escoria de la ciudad
            si no arriesgas que podría / mos amar

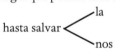

            what thou lovs't well shall not be left from thee
            what thou lovs't well is thy true heritage

una copa quebrada en arras al pie de un lecho de hotel sin categoría
        alguna, pero llamado Felice
un color dulce de olvido y de nostalgia por el estuario del río llama-
        do de la Plata

CASSANDRA: TWENTY YEARS LATER, YOUR EYES ARE LIKE TIGERS

The proud beasts know how to wait
I'm learning
I paint my nails with Mary Quant brown polish
I take sleeping pills with beer
—hoping that some time they will yield spectacular results—
and in the absence of camphor
from my neck hangs
a medal with a little star, two wings and a blessing
"may the angels protect you along every path"

the she-tiger crosses the historic districts of cities
there are always objects by Man Ray, choice knicknacks from
Byzantium or homages to Delacroix
and little children pressing her with notes
"help us, we're three hungry brothers"

I lean out
the red moon and the absent shadows
tire
Cassandra's eyes.

               ★ ★ ★

forever be my guest
the rest is dross in the dross of the city
unless you risk that we could love even its ruins

to the point of saving ourselves

what thou lov'st well shall not be left from thee
what thou lov'st well is thy true heritage

a goblet broken to pieces at the foot of a bed in an unclassified
hotel called Happy
a color sweet with forgetfulness and nostalgia for the estuary of the
river called Silver

una ginebra apelada Llave para adormecer las vísceras de Dios

★ ★ ★

—...y no te regalé, para que veas, ninguna pipa para no fumar contigo ninguna paz.

Casandra, tus ojos son como tigres
y por fortuna no hubo domador capaz de someterlos.

    No es vanidad reconocer
    que la bestia herida tantas veces
    que perdió el recuento de todas las calendas
    protege algún escondrijo de sí
    a tal punto que olvide escondrijo
    y llave
    y no hay quién pueda.

Sólo tus ojos, Casandra
que los tigres agradecen conmovidos
para que cuando baje el telón
me aplauda y cobre fuerzas
para no decir buendía
a quien no mereció siquiera
la fórmula ciega de la cortesía.

Por tus ojos, Casandra, pasa el fuego del olvido
y es la venganza;
la venganza que buscaste, obstinada, por la geografía
para desmentir/te que eras tan sólo
una perseguidora de ayeres y de viento.

★ ★ ★

20 años para hacer un vacío discreto como un paciente bol de arroz
    japonés, o arena menuda y seca en los cuencos unidos de
    ambas manos

20 años, en suma, para abrir una ventana

a gin named Key to soothe the guts of God

* * *

—... as you see I haven't offered a pipe to smoke to any peace

Cassandra, your eyes are like tigers
and luckily no trainer has been able to subdue them.

It is not vanity to recognize
that the beast wounded so often
that she lost track of all the days
guards some hiding place for herself
so thoroughly that she forgets both hiding place
and key
and no one can figure it out.

Only your eyes, Cassandra,
for which the tigers, moved, are grateful
so that when the curtain comes down
I applaud for myself and gather strength
so as not to say goodday
to one who doesn't deserve even
the blind formula of courtesy.

Through your eyes, Cassandra, passes the fire of forgetfulness,
and it is vengeance:
the vengeance that you sought, stubbornly, across the map
in order to deny that you were merely
a chaser after yesterdays and wind.

* * *

20 years to make an empty space as discreet as a patient bowl of
Japanese rice, or sand fine and dry in the joined hollows
of both hands

20 years, in sum, to open a window

Pan dice que avanza entre las cabras
que trae queso y miel
y canturrea en tanto una melodía de la Piaf

et maintenant...

Casandra:
¿también la *gioia*
es perseguir viento?

nothing counts save the quality of affection

Pan says he advances among the goats
he brings honey and cheese
humming along the way a tune by Piaf

et maintenant...

Cassandra:
is it also *gioia*
to chase the wind?

nothing counts save the quality of affection

PROBABLE OLVIDO DE ÍTACA

Las pequeñas historias, los lugares, rostros y olores
se asesinan, los unos a los otros.
Un país se te encima al de ayer,
un rasguño puede escamotearte la gran cicatriz.
La palabra entonces, suele convertirse
en un vicio vergonzante de soledad.
¡Y qué te resta, luego de tanta frágil arrogancia!
Descubriste el vacío en todo vértigo
y sin inmutarte cargas el sino que te corresponde:
tu sitio, ya lo sabes,
partió cuando llegaste.

AMADO FUGITIVO, FRÁGIL, PROFUNDO ALTERADOR DEL PULSO

La Reina nunca supo artes de estrategia
creyó que obrando por cuenta y riesgo de emoción
buen destino la atendía.

En cambio
vos, amado
fugitivo, frágil, profundo alterador del pulso
despertás lejanamente
revolviendo quién sabe qué insensatas cucharitas de café
pero, de tanto en tanto
recordás a la Reina (con un dejo de ternura)
            lunares de La Bella Guerra
            El Paraíso Perdido
            y lo Que El Viento Se Llevó.

PROBABLE FORGETTING OF ITHACA

The little stories, the places, faces and smells
kill each other off.
Today's country slips over yesterday's,
one scratch can rinse you free of the great scar.
The word, then, can turn
into a shameful vice of solitude.
And what remains for you, after such fragile arrogance!
You discovered the void in every vertigo
and without flinching you carry the fate that fits you: your place,
you realize now,
left when you got there.

FLEETING FRAGILE LOVE, DEEP DISTURBANCE OF THE PULSE

The Queen never knew strategic skills
she believed that acting at emotion's own risk
a fine destiny awaited her.

Instead,
love, you,
fleeting, fragile, deep disturbance of the pulse,
awaken far away
stirring who knows what stupid coffee spoons
but from time to time
you remind the Queen (with an aftertaste of tenderness)
        of beauty marks from The Lovely War
        Paradise Lost
        and Gone With The Wind.

HAMMAM

Ahora, *en la tarde libre de cualquier semana*, sin necesidad de señas o figuración alguna, hay dos mujeres que al reconocernos detenemos el paso y el aliento: igual sucedería con nosotras en cualquier espacio, de la vida o de la muerte.

Las dos hemos hurgado, estoy segura, con más saña en nuestras historias que Marat en su bañera con su sarna.

Regamos también el paso de esa, nuestra sombra, bien sea con la espera aguda de la abandonada o el culposo sobresalto con que se despide al amante en el amanecer, y tanto fue el empeño en la tarea, que ahí está, tan crecida en el vientre de nuestros temores que juraríamos que es Ella, Goliat, la invencible.

Viste el traje de luces que nos ha robado, decimos, cuando en verdad sabemos que cada lentejuela, cada jirón, cada inocencia han ido perdiéndose a medida que se consumen las velas del equívoco pastel que es este camino hasta reunirnos con La Otra, cuya impaciencia nos aguarda del lado más profundo del espejo.

Así, una es la hechizada imagen en cera viva de su doble, la simetría de los alfileres que nos hemos clavado es asombrosa y para conocer el recuento exacto de nuestras debilidades hay que acudir a las perfecciones atribuidas a la rival de ayer o de mañana, pero ninguna más poderosa que tú, la de mi ahora.

No es un amor, no, ni la fidelidad o la alegría lo que se halla en juego en este duelo, ni es ese el muerto que nos disputamos con nuestra mutua corte de arpías y plañideras; es un deterioro más en el festín de tus huesos y mis huesos, es un zurcido más en el viento de la sábana o mortaja que arropa nuestro lecho.

En general, los hombres suelen hablar más lineal y menos turbiamente de estas cosas, pero tiene que haberte pasado que mientras él duerme y velas o velo celosamene toda su incerteza (siempre hay rencorosos muros, malignos objetos y odiadas expresiones de alguna Otra que comienzan a hacérsenos familiares) se te / me filtra

HAMMAM

Now, in the free afternoon of an ordinary week, with no need for signs or imagining, there are two women who as we recognize each other stop short in our tracks: this would happen to us anywhere, living or dead.

We two have surely scratched about in our stories more furiously than mangy Marat in his bathtub.

We bathe as well the passage of our shadow, whether with the abandoned woman's sharp waiting or the guilty start with which she sends her lover off at dawn, and such was our eagerness for the task that there she is, so swollen in the belly of our fears that we'd swear it's She, Goliath, the invincible.

She wears the suit of lights that she stole from us, we say, when in fact we know that each sequin, each shred, each innocence has disappeared as the candles gutter out on the ambiguous cake which is this road to meeting The Other, whose impatience awaits us on the deepest side of the mirror.

Thus, one is the spellbound image in living wax of her double, the symmetry of the pins we've stuck in each other is astounding and to know the exact count of our weaknesses we have to consult the perfections attributed to yesterday's or tomorrow's rival, but none more powerful than you, my present rival.

It is not love, no, nor faithfulness nor joy that's at stake in this duel, nor is that the corpse we argue over with our mutual retinue of harpies and mourners; it's one more deterioration in the feast of your bones and my bones, it's one more mending in the breeze of the sheet or shroud that wraps our bed.

Generally, men speak about these things in a more linear and less confused way, but it has to have happened to you that while he sleeps and you or I jealously watch over all his uncertainty (there are always rancorous walls, malignant objects and hated expressions from some Other that begin to grow familiar to us) a sicken-

una tristeza nauseabunda que invade hasta la yema de los dedos, porque aunque lo recorramos imperiosamente sin que él siquiera se despierte, no puedes evitar en tu lengua el gusto de mi cuerpo ni yo puedo huir al apoyarme en su hombro del hueco que a propósito olvida tu cabeza: rúbrica cruel que sólo descifra La Excluida del perfume y los humores de La Amante en el cuerpo del Amado.

Como ves, se trata de simples aventuras de hombres y mujeres, enredos de la piel y la palabra; extraños azares donde el vencedor parece siempre pertenecer al país del contrincante.

Ahora, en la tarde libre de cualquier semana, dentro del Hammam, en estas cámaras que tanto se asemejan a una morgue o un burdel, envueltas en nuestros sudarios, pretendiendo exudar este tóxico amor que nos rindió el comercio vital irrespirable; nos miraremos largamente hasta que el vapor se lleve despacio, generoso; la ira, el desfalco, el abandono, las mentiras, humillaciones y verdades, hasta que solo queden tersas y depuradas imágenes de esta saga a la medida de nuestra vanidad.

Después, dos mujeres otoñales cambiarán en la ducha un discreto gesto de reconocimiento y en la calle estarán dispuestas para que una nueva, quiero decir la misma, inexorable historia, comience a repetirse.

ing sadness seeps into you/me invading all the way down to our fingertips, because although we examine him imperiously without his even waking, you can't avoid the taste of my body on your tongue nor can I escape while leaning on his shoulder the hollow that appropriately forgets your head: cruel flourish that only The Excluded Woman deciphers from the scent and the moods of The Lover in the body of the Beloved.

As you see, it's a matter of simple adventures of men and women, affairs of skin and words: strange chances where the victor seems always to be from the competitor's homeland.

Now, in the free afternoon of an ordinary week, inside the Hammam, in these chambers that so resemble a morgue or bordello, cloaked in our shrouds, attempting to exude this toxic love that made our daily life unbreathable, we'll watch each other for a long time until the steam slowly, generously carries it all away: the anger, the cheating, the abandonment, the lies, humiliations and truths, until all that remain of this saga are images polished and purified in proportion to our vanity.

Afterwards, two autumnal women in the shower will exchange a discreet gesture of recognition and in the street they'll be ready for a new, I mean the same, inexorable story to start all over again.

GUÍA ALEATORIA Y SENTIMENTAL DE FONTAINEBLEAU

De Fontainebleau retengo (*) la tarde lluviosa y fría (**) de pronto
nítida, diferenciándose entre todas, porque sí, solitaria, Ella, la
palabra *pasamanería [que despierta a mamá, colocando cortinas en la*
sala, el paño era damasco morado con relieve de arabes-
cos; un cordón haciendo juego las recogía en simétricos
apliques de bronce dorado, que seguramente habíamos
elegido juntas en la ferretería muy cercana de cuando yo
vivía en una Casa y además sobrepasaba tanto así, la
altura del mostrador]

(***) la sala de mapas que no habías visto hasta entonces, ese
pabellón con cabezas de ciervos a lo largo de las paredes y deliciosos
planos y más planos del Dominio; te hubiera gustado mucho pintar
siquiera uno solo de sus forestas y jardines de exacta perspectiva,
dijiste,
y ojalá lo hubieras hecho en algún tiempo otro, pero
de los dos
¿castillo o palacio?
no a mí saber qué diferencia ambas construcciones por las que de
tarde en tarde me relaciono contigo y con la historia previo pago
del relativamente módico billete de admisión; tampoco me es dado
reconocer la media docena de luises entre sí por las patas que
confeccionaron a sus lechos, mesas y divanes los ebanistas que les
amoblaron los días y facilitaron las pesadillas de sus noches,

(****) luego, una batería, un piano y un saxofón en la sala inhóspita
de un suburbio progresista atacarían ufanos, pálidas variaciones de
Garota de Ipanema

(*****) agujas, puercoespines de nieve se estrellaban contra el vidrio
delantero mientras regresábamos
exangües,
a que todo estuviera y esté tan lejos, tan oscuro,
como nosotros,
como Ipanema,
como el sol, a la velocidad
de la luz.

ALEATORY AND SENTIMENTAL GUIDE TO FONTAINEBLEAU

Of Fontainebleau I retain (*) the cold rainy afternoon (**) suddenly
bright, standing out from the rest, because yes, alone, She, the word
passementerie [which recalls Mama hanging the curtains in the room,
purple damask cloth embossed with arabesques; a match-
ing braid gathered them up on symmetrical gilt-bronze
fittings, which we'd probably chosen together in the hard-
ware shop nearby when I was living in a House and was
also barely taller than the counter]

(***)the map room which you hadn't seen till then, that pavilion
with stags' heads along the walls and delightful maps and more
maps of the Domain; you would have really liked to paint even
one of its woods and gardens in exact perspective, you said,
and hopefully you might have done so in some other weather, but
of the two,
castle or palace?
the difference unknown to me both constructions by which from
time to time I am in touch with you and with history after paying
the relatively moderate entrance fee; nor is it given to me to distin-
guish the half-dozen Louis' from each other by the legs that the
cabinetmakers designed for their beds, tables and couches, which
furnished their days and facilitated their nightmares at night,

(****) next, a set of drums, a piano and a saxophone in the un-
friendly concert hall of a progressive suburb would proudly attack
pale variations of The Girl from Ipanema

(*****) needles, porcupines of snow smashed against the front win-
dow when we returned
bloodless,
so that everything turns out to be as it was, as far, as dark,
as us,
as Ipanema,
as the sun, at the speed
of light.

ROBÓTICA

Teoría del ushebti

Los ushebtis son una de las variadas tangas egipcias que habitan los sarcófagos, pueblan los museos, hacen las delicias de los coleccionistas, el prestigio de las fundaciones que evaden impuestos y al final o al principio de la escala, la fortuna de los profanadores de sepulcros.

Los chinos también tienen algo parecido. Avisados como por naturaleza son, de tiempo en tiempo y para satisfacer las necesidades perentorias del turismo y las exportaciones culturales, desentierran en cumplida terracota, centenares de figuras que van desde señores de la guerra incluidos en sus cabalgaduras, a modestas peluqueras, obsecuentes contadores o laboriosos poetas más una detallada fauna que no olvida a quimeras ni dragones que acompañaban a los difuntos hijoeputa emperador y/o emperatriz para que sus deudos y su muy cuitado pueblo se sintieran aliviados pensándolos en sus normales compañías, cosa de que no volvieran como fantasmas a seguirles jodiendo, como en esta tierra hacían; la noche, los amaneceres ni los días.

A engendros de tal calaña los chechos lo apelan robot, y los rabinos, golem.

En suma, el ushebti egipcio, debía realizar en efigie tareas y mandados al fulano en el reino de los muertos, el de la respiración otra, o (sin vos) meramente irrespirable.

Ejercicio del cajero automático

Entorpécele la mano en el volante,
que sus pensamientos favoritos,
los jardines, se le calcinen en la lengua.
Ushebti de mi corazón, que me sueñe;
como espejismo, araña, papiro, estrella
de mar o las fugaces, pero que me sueñe.
Márcale entonces a fuego sin fin, los números de mi voz,
ábrele la puerta sin cerrojo de esta cámara
que profane a su arbitrio las palabras, el silencio

ROBOTICS

Theory of the Ushebti

The ushebtis are among the various bits of Egyptian trickery that inhabit sarcophagi, populate museums, and constitute the delight of collectors, the prestige of tax-shelter foundations and, first and last, the fortune of grave robbers.

The Chinese have something similar. Clever as they naturally are, from time to time and to satisfy the insistent demands of tourism and cultural exports they unearth hundreds of well-wrought terracotta figures ranging from war lords, mounts included, to humble hairdressers, obsequious accountants or industrious poets, plus a detailed fauna omitting neither chimeras nor dragons, that accompanied the dead sonofabitch emperor and/or empress so that their relatives and overburdened people might feel relieved to think them in their normal company, unlikely therefore to return as ghosts to fuck with them as they did on this side morning noon and night.

Such monsters the Czechs call robot, and the rabbis golem.

In short, the Egyptian ushebti was supposed to replace that so-and-so in the performance of his tasks and errands in the kingdom of death, the kingdom of another breathing, or (without you) merely unbreathable.

How to Use the Automatic Teller

Let his hand grow numb on the wheel,
may his favorite thoughts, gardens,
turn to lime on his tongue.
Ushebti of my heart, make him dream of me;
as a mirage, a spider, papyrus, star-
fish or shooting stars, but make him dream of me.
So by an eternal fire brand him with the numbers of my voice,
open for him the lockless door of this chamber,
let him profane at will the words, the silence

y dolores de este cuerpo embalsamado
tan a la mala, que da pena. En confianza, ushebti, de hombre a hombre,
de esclavo a sierva, de versa a vice,
te conjuro a que me digas,
quién de nosotros es el muerto

Operación pip no autorizada pip pip. Retire su tarjeta
pip. Gracias por su visita pip. Pip. Gracias por su.
Gracias.

Traducido: avívese. No hay hombre ni faraón en esta historia. Tampoco emperatriz. Vuelva en otra vida, si le quedan fuerza y ganas, al punto cero de la escritura. Mientras tanto; siga respirando. Bolas.

and the pains of this body
so badly embalmed that it's a shame.
In confidence, ushebti, man to man,
slave to servant, versa to vice,
I beg you to tell me,
which of us is the dead one.

Operation pip unauthorized pip pip. Remove your card pip.
Thank you for your visit pip. Pip. Thank you for your.
Thank.

Translated: snap out of it. There is neither man nor pha-
raoh in this story. Nor empress. Come back in another life, if you
have the strength and desire, at the zero degree of writing. In the
meantime: keep breathing. Asshole.

APROXIMACIÓN A LAS RUPTURAS

I

Se anuncian por una vaga complicación en el lenguaje. Bastaría asomarse, levantar el índice levemente ensalivado para comprobar el cambio irremediable de los vientos.

Pero los amantes, por socarrona providencia, son los últimos en darse cuenta.

II

el malentendido alcanza hasta los nombres
finalmente uno los arroja como si fueran una granada
cerrando los ojos y rindiendo un máximo gesto
con el brazo

después de la explosión y la humareda
se verifica el blanco
y todo está vacío
entragado
como uno

CUERPO A TIERRA

una empecinada
vocación de milagro
me sostiene
digo
sostenía

APPROACHING BREAKUPS

I

They announce themselves by a vague complication of language.
To lean out and raise one's finger, damp with saliva, would suffice
to confirm the irrevocable change in the wind's direction.

But lovers, thanks to sly providence, are the last to know this.

II

the misunderstanding reaches even to names
finally one hurls them away like a grenade
eyes closed, swinging one's arm
in the widest possible arc

after the explosion and all the smoke
the whiteness emerges
and everything is empty
ravaged
like oneself

BODY TO GROUND

a stubborn
vocation for miracles
sustains me
I mean
sustained

CIRCERÍA

A estos hombres
los transformé en versitos
y los confiné en libros y revistas
porque, con los tiempos
que corren, no es cosa
de andar encima procurándolos bellotas
ni margaritas, para los días
de guardar.

En cuanto al Ulises, ése, de Ítaca,
díganles que de áspides, sapos
y mastodontes como él
tengo llena la sartén.
Además, el juego (circense)
de las resurrecciones
no es más una especialidad mía.
Yo ahora, tejo.
Créanme.

ÉL, PALOMA

a veces escoge granos delicados
otras, come las sobras de cualquiera
a veces se posa en mi alféizar
a veces, en plena calle
lo destripan

CIRCERY

I changed
these men into little poems
and confined them to books and journals
because, nowadays,
it's not worth
going about finding them acorns
or daisies for holy days.

As for Ulysses, the guy from Ithaca,
tell him my oven's already full
of asps, toads
and mastodons like him.
Besides, the (circus) game
of resurrections
is no longer my specialty.
Now I weave.
Believe me.

HE, DOVE

sometimes he chooses tender grains
others he eats any leftovers
sometimes he alights on my windowsill
sometimes in the middle of the street
they rip him to pieces

MANTUA

la cámara ardiente del arsénico y humildes derivados
la cámara de los esposos
la cámara de los suplicios
mi encuentro, mi pérdida del Duque
yo Rigoletto
los canté.

CREMA CATALANA

En Gerona deletreé nombres de pila
          en antiguas lápidas hebreas
vi el milenario tapiz, impresionada hasta mi muerte
con sus emblemáticos vientos y azules persistentes,
me brindé a las intimidades, estragos y rechazos
que suscitan los apasionados roces entre visitantes y anfitriones
con quienes cambiamos fugaces nomenclaturas
de muertos que remiten inexorables a otros muertos,
más podridos, feroces y privados.
Los silencié atravesando como pude la trampa de espejos defor-
          mantes
pretendí ahogarlos comiendo y bebiendo, tal vez más de la cuenta,
          especialidades de la casa
y acabé sometiéndome a la visión del mismo filme, cartilaginoso e
          informe que produzco siempre en las fatigosas paralelas
          de las autorrutas.
Entre las manos quedo con este rostro abotagado, tiñoso y marchi-
          to en el que me reflejo
y con la dolida y perfumada vara de la palabra
desconegut, desconocida, palpitando en el regazo.

MANTUA

the burning chamber of arsenic and humble
derivatives
the chamber of spouses
the chamber of torments
my meeting, my loss of the Duke
I, Rigoletto,
sang them all.

CREMA CATALANA

In Gerona I deciphered the names
on old Hebrew tombstones,
I saw the thousand-year-old tapestry, profoundly impressed
by its emblematic winds and persistent blues,
I offered myself to the intimacies, ravages and refusals
provoked by the passionate contacts between visitors and hosts
with whom we exchange fleeting catalogues
of the dead that inevitably refer to still others,
more rotten, ferocious and private.
I silenced them, crossing as best I could through the perils of
            distorting mirrors;
I intended to drown them, eating and drinking the specialties of
            the house perhaps more than I should have
and surrendered finally to the vision of the same film, cartilaginous
            and formless, that I always produce in the wearisome lines
            of the highways.
In my hands I am left with this swollen face, scabby and withered,
            where I am reflected
and with the aching and fragrant staff of the word
desconegut, unknown, throbbing in my lap.

CAMA CAMERA

La copa astillada (por azar, acaso)
al pie del lecho
tenía por testigos
tus muertos y mis muertos
brevísima, la noche de capricornio se nos crecía en lienzos
(perpetuados por la escuela flamenca)
donde los pliegues del goce
retienen los puntos de sutura
de la Parca,
enfrente

AUTORRETRATO

corazón
todavía
estelar
zarzardiente
tarda flor de invernadero
a veces cactus
con este betún de Judea
vulgo asfalto
cuarteado
bajo los pies.

DOUBLE BED

The cup shattered (by chance, perhaps)
at the foot of the bed
had as witnesses
your dead and my dead
ever so quickly, the Capricorn night grew sheets
about us
(perpetuated by the Flemish school)
where the folds of pleasure
hold the stitches
of Fate
before us

SELF-PORTRAIT

heart
ever
stellar
burning bush
late-blooming flower
in the greenhouse
sometimes cactus
with this bitumen
common asphalt
cracked
underfoot.

TRISTAMRIT

Lo averigué: el pajarito que empecinado pía en Masada se llama Tristamrit pero no me dijeron por qué ni tampoco que tiene que ver la raíz tristeza en este enredo.

En Masada también hay gatos. Alguna vez debieron subir macho y hembra y se quedaron. Un proverbio chino afirma que bajar es mucho más difícil que subir. Los gatos son pedigüeños y remolones. Quien sabe desembarcaron directo del Arca de Noé.

Tristamrit silba un aire ventoso: "las especies no deben ser solas, porque se aburren y se pudren; cuando las asedian, se suicidan."

Los arqueólogos vienen aquí para archivar sandalias de la secta de Qumran, puñales herrumbrados con nombre y apellido de la sangre y espesor de las heridas en el eterno granulado de sus hojas y también ánforas resecas que conservan semillas macilentas pero qué manera obstinada de estar vivas. Luego descienden en automóvil de servicio, ufanos, la ciudad los espera para firmar recibos, comprar desodorantes, aprovisionarlos en carbono 14 y esperar que cumplan lo mejor que puedan con el deber de los viernes: fornicar con la mujer. En recompensa, las noches de luna llena puede que los desvele y los regale la buena pieza de Lilith.

Digo:
Después de suicidarse ¿las ballenas proseguirán oyendo el ritmo de las olas sobando la rompiente? ¿Seguirán enumerando los granos de arenilla que les erosionan los huesos y se arrullarán las aletas del alma con los guiños y suspiros de la Aurora Polar?

El paisaje de Masada continúa en tanto impávido y sobrecogedor.

TRISTAMRIT

I checked it out: the little bird that stubbornly chirps at Masada is called Tristamrit, but they didn't tell me why nor that the root of the word for sadness is tied up in the name.

There are also cats at Masada. At some point male and female must have gone up and stayed. A Chinese proverb states that going down is much more difficult than going up. The cats are nuisances and lazy. Who knows, maybe they jumped right off from Noah's Ark.

Tristamrit whistles a windy tune: "No species should be alone, because they get bored and waste away; when they're besieged, they kill themselves."

Archeologists come here to classify sandals from the sect of Qumran, rusted daggers by the first and last names of their blood and the thickness of the wounds in the eternal grain of their blades, and also parched amphoras preserving shrivelled seeds, but what an obstinate way to live. Then proudly they descend in a service car; the city waits for them to sign receipts, buy deodorant, stock up on carbon 14 and hope to fulfill as best they can their Friday duty: to fornicate with the wife. As a reward perhaps at the full moon they will be awakened and entertained by that minx Lilith.

I say:
After taking their lives will whales keep hearing the rhythm of the waves caressing the reef? Will they still count the grains of sand that erode their bones and their soul's flippers still coo at the winks and sighs of the North Star?

Meanwhile the landscape of Masada remains impassive and startling.

AIRE LIBRE

Aire de otoño en Piazza Navona
cada turista con su helado
aunque no todos con crema
una manifestación
los altoparlantes me impiden enterarme
de qué quieren qué piden
recojo lo que puedo
la plaza confusa
el Bernini cayéndote encima
el cine pulguiento Farnese de Campo dei Fiori
las cuchillas pero sin odio en el café de enfrente
para que los drogados no las lleven consigo
y el comerciante pierda centavos que al final del año
las palomas se desplazan en comitiva, dónde
ella espera
prodigios

EL TIEMPO, EL JABÓN, EL FIN

El jabón, la bañera y la muerte guardan mayor intimidad de lo que por lo general se cree. A los quince, cuando uno resbala a causa del jabón el en recinto llamado baño, el porrazo con una buena imprecación, se cura. Con las curvas de la vida, aparecen los moretones. El jabón también tiene su importancia en el empujoncito final con el que ciertos probables supérstites cuentan para apoderarse de las herencias que codician. Alguna vez se tendrá que investigar la relación existente entre las pastillas Lux o La Toja y el óbito de la pobre tía Jacinta o el primo Magdaleno. El fatídico vínculo entre vejez, jabón y cadera es proverbial... Cuando los tres se juntan ¡malhaya! porque el bastonero anuncia el baile del último rigodón.

OPEN AIR

Autumn air in the Piazza Navona
each tourist with his ice cream
although not all with toppings
a demonstration
the loudspeakers keep me from finding out
what they want what they're asking for
I pick up what I can
confusion in the plaza
the Bernini falling on top of you
the fleabag Farnese movie theater in the Campo dei Fiori
the perforated teaspoons at the cafe in front
so that the drug addicts won't carry them off
and the owner lose pennies which at the end of the year
the pigeons moving in flocks, where
she awaits
miracles

TIME, SOAP, THE END

     Soap, the bathtub and death maintain a greater intimacy than is generally thought. At fifteen, when one slips on the soap in the place called bathroom, the bump heals itself with a good curse. With life's curves, bruises appear. Soap also has its importance in the final nudge which certain probable survivors count on to seize the inheritances they covet. At some point the relationship between bars of soap called Lux or La Toja and the demise of poor Aunt Jacinta or Cousin Magdaleno will have to be looked into. The fateful link between old age, soap and hip is proverbial. When the three get together, watch out! because the master of ceremonies is calling the steps for the last rigadoon.

ERVINIO DE VENECIA

La rosa profunda y oculta de San Marco
borroneada hasta el infinito desprestigio
se desdobla en interminables llaveros de latón, tarjetas desteñidas
pasos que se arrastran, sobacos que huelen podredumbre
y se maquillan de Chanel N° 5

La boda fugaz era en Torcello
cada dama recibió su ramo níveo y tan fresco
que dado el centro riguroso del invierno, jazmines y gardenias
parecían más bien obras debidas a prodigio
que a fatiga vulgar de los mortales

Los novios fueron celebrados con salvas de arroz y campanadas
las lámparas se adormilaron y la cera fundida de las velas
guardó lo lagañoso de sus cabos para recomponer anhelos
de puro inconfesables musitados en sordina

Las ligas de la esposa se salpicaron de coágulos verdastros
Y un pescador controlaba el orden longilíneo de sus redes

Multicolores, las paredes de Burano
acogían los ojos fatigados de las últimas encajeras
el rumor de los motores se confundía
con el delirio manifiesto de estas manos
que acarician órbitas, cejas peladas
de un nombre desaparecido en los vapores linfáticos
del cementerio Arcangelo Michele

Después de tanta urdimbre y congoja a la deriva
¡cómo no entrar subrepticia entonces en un sitio de plegarias llamado
         San Felice!
Sorteaban una lotería en el oficio
y el cura repetía micrófono en mano
que el niño Ervinio había ganado un helado
el muchachito de domingo no conseguía arrancarse
su máscara antigua de arrebol, detalle cuanto más elocuente
dada la proverbial palidez de los nativos

ERVINIO OF VENICE

The deep and hidden rose of San Marco
copied so often that it's rubbed out
is multiplied in interminable brass keyrings, faded postcards,
dragging steps, stinking armpits
covered up with Chanel N° 5

The glimpsed wedding was in Torcello
each lady received her snowy fresh-cut branch,
jasmines and gardenias, which in the harsh mid-winter
seemed rather more like miracles
than the work of common weary mortals

The newlyweds were celebrated with volleys of rice and bells
the lamps drowsed and the melted wax from the candles
retained their teary stubs to revive longings
so shameful they are confessed in quiet whispers

The wife's garters were splattered with greenish clots
And a fisherman was checking the long line of his nets

Multicolored, the facades of Burano
welcomed the tired eyes of the last lacemakers
the noise of the motors mixed into
the manifest delirium of these hands
caressing eye sockets, peeled eyebrows
of a name vanished in the lymphatic vapors
of the Archangel Michele cemetery

After so much weaving about and drifting sorrow
how to enter but surreptitiously a place of prayer called San Felice!
At the service they were drawing a lottery
and the priest was repeating, microphone in hand,
that the child Ervinio had won an ice cream
the little boy in his Sunday best couldn't help
his ancient mask from blushing, a detail all the more eloquent
given the proverbial pallor of the natives

Nunca sabré ya cuales fueron los sabores preferidos por el niño
ni apreciaré con la fruición de un entomólogo
las venillas azulencas del reverso goloso de su lengua
antes de que, como a la mayoría de los ejemplares
de esta especie, se le vuelva escamosa
inerte y bífida
hasta la resurrección de la carne
y olvido para siempre el escarnio.

Funesto el roce impío del adiós, Ervinio.

I'll never know the boy's favorite flavors
nor shall I appreciate with an entomologist's pleasure
the small bluish veins on the sweet-toothed underside of his
tongue
before, as with the majority
of this species, it becomes scaly,
inert and cleft,
until the flesh is resurrected
and mockery forevermore forgotten.

Ill-fated the impious touch of farewell, Ervinio.

LA ENANA

Muy tarde comprendí que uno no sólo no crece más, sino que se encoge, no de hombros, sino de todo. Alguien que no me había visto cierto tiempo me dijo:—Pensé que eras mucho más alta. Después empecé a tener que ponerme en puntas de pie para asir cosas que antes tomaba normalmente. Ahora vivo en el respiradero del zócalo. Ver el mundo de abajo. Cómo alcanzar, las nubes, la mesa, lo esquivo de su boca.

THE DWARF

Quite late I understood that not only does one not continue to grow, but that one shrinks, not just in the shoulders, but all over. Someone who hadn't seen me for a while said to me: "I thought you were much taller." Then I began to have to stand on tiptoes to grab hold of things that I used to reach normally. Now I live in the cracks of the baseboard. To see the world from below. How to reach, the clouds, the table, his mouth's evasion.

DENTADURA

Batallas sangrientas, perdidas de antemano por cada una
de mis muelas y mis dientes
un mapa con banderilleo de privaciones y cercenamiento
cuyas trazas se pierden
en las mismas, reiteradas escaleras
que conducen a idénticos tronos
de aprensión, oprobio
y pánico

Carradas de nombres, moldes en yeso vaciados de significado
como maxilares   caninos   molares
para quedar con una sola referencia elemental:
los de adelante, los de atrás
los de arriba, los de abajo;
como los primeros pasos de Buda
desnudo
en el mundo
hostil

Incisivos de vampiro   de morsa
roedores
caricaturas, puertas primeras que revelan
a los hombres
del poder

Romper/no romper
rechinar
los dientes

¡Oh! mis dentistas con sus pinzas
gasas
jeringas
puentes
coronas
falsas anestesias del mundo entero
manos singulares que me arrancaron
una a una las raíces del juicio

TEETH

Bloody battles, lost in advance by each
of my molars and teeth,
a map with banderillas of privations and trimmings
whose traces are lost
on the same repeated stairways
that lead to identical thrones
of apprehension, ignominy
and panic

Heaps of names, plaster casts emptied of meaning
like maxillaries   canines   molars,
to be left with a single basic reference:
front, back,
upper, lower,
like the first steps of Buddha
naked
in the hostile
world

Incisors of a vampire   a walrus
rodents,
caricatures, first gateways revealing
power
to mankind

Breaking/ not breaking
Gnashing
the teeth

Oh, my dentists with their forceps
gauzes
syringes
bridges
crowns
false anesthesias from the world over
singular hands that yanked out
the roots of my wisdom one by one

y cada tanto, a falta de tantas cosas
me prescriben tabletas que adormecen
bacterias sin sosiego

Encías
residuos
sueños

Refulgente
la sonrisa *kolinos* o *colgate*
brilla desde nunca
por su permanente
desguarnecida
ausencia

and every so often, for lack of so many things,
prescribe tablets that put bacteria to sleep
but offer no relief

Gums
residues
dreams

Dazzling
the *colgate* or *kolinos* smile
shines as it never has
in its permanent
unadorned
absence

AUTORRETRATO 31.12.96

papá me contó que apenas adolescente yo quería tocar el arpa y luego
    ser periodista,
sólo me acuerdo un amargo anochecer de primavera en que a los diez
quíse ser bailarina clásica y rabié ante el cocarnio parental en la escalera
que conducía al altillo, y los escalones y las lágrimas eran tibios
como nidos de hornero o savia de antiquísimas madreselvas;
nunca pensé en imposibilidades como talento, trabajo o lo que natura
    non da

resumiendo, que siglos más tarde
ni toco el arpa, ni soy bailarina,
y que en paréntesis, exiguas grietas que infiltro en galeras de trabajos
inútiles e infinitos
zigzagueando capataces
contrabandeo versitos, apresurados, desgarrados, como estos
que no tengo hijos, nietos o bisnietos pero amigos pocos y radiantes
de cuando en cuando cultivo trasgos de novios o discípulas
y dicen que soy periodista;
actividades estas últimas precarias e interinas:
traduciendo, que mis amoríos estuvieron rancios o verdes como las
    uvas de la fábula
y la prensa continúa siempre obtusa y deformante;
rudas adicciones, es cierto, pero augúrome
de desintoxicación aún posible

llueve dentro y fuera
urge comprar tejas, calafatear goteras,
antes de que el techo y la mampostería nos quebranten

imprescindible la reparación del tiempo y templo:

¿si yo no por mí, quién,
y si no ahora, cuándo?

SELF-PORTRAIT 12/31/96

papa told me that when I was barely a teenager I wanted to play the
        harp and then to be a journalist;
I only remember a bitter spring dusk when I was ten and I
wanted to be a ballerina and I raged on the attic stairs against my
        parents' scoffing,
and the steps and the tears were warm as ovenbirds' nests or the
sap from ancient honeysuckles;
I never thought about impossibilities like talent, work or the limi-
        tations of nature

in short, centuries later
I don't play the harp nor am I a ballerina,
and in parentheses, tiny cracks I infiltrate in the galleys of useless
and infinite jobs
dodging foremen
I smuggle poems like this one, in a hurry, torn out of me
since I have no children, grandchildren or great-grandchildren, only
        a few radiant friends
now and then I cultivate gnomes as boyfriends or disciples
and they say I'm a journalist;
these last activities precarious and temporary:
in other words, my flirtations were as rancid or green as the grapes
        in the fable
and the press goes on forever obtuse and deforming,
rude addictions, it's true, but I predict
that kicking the habit is still possible for me

it's raining inside and out
we've got to buy roof tiles, plug up the leaks,
before the ceiling and masonry cave in on us

indispensable the repair of the temple and time:

if I don't do it myself, who,
and if not now, when?

JERUSA DE MI AMOR

en jerusa los días son largos y desde que amanece, la gente, como sea,
quiere meterse y lo consigue
dentro de la película de acción
los cowboys en el medio oriente escupen semillitas de girasol, a cual
    más lejos

en el jardín uno puede toparse con erizos y puercoespines
y en la propia cama con escorpiones, así en la tierra...
para más inri, a allen se le ocurrió esfumarse en primavera, durante
    una tarde
Jcioso llinit anu
allen, que se fue de aquí sin convencerse ni convencernos
de que *su madre que lo quiere, naomi,*
haya sido cierto

mientras
todos gritan
cuando no aullan, incluidas en sitial privilegiado, las piedras.

las cigüeñas apuran por irse y confunden los envíos,
vírgenes y monjes célibes, anacoretas y guardianes de los templos
pagan el pato,
se descuenta que nos, el resto, también,
nos, los pagadores de diezmos, platos rotos, los donantes de sangre,
    huesos y sesos.

entre bocinas, alarmas verdaderas y no tanto, timbrazos imperativos
    de teléfonos vacíos
prosperan flores silvestres y me debato, a capa y espada, a golpes
    feroces
de rascar mi sarna a lo marat, entre las / los charlotte corday, zelotes,
    esenios, alambrados,
todos armados, menos de paciencia

cuántos ayes, jerusa de mi amor
hoy hacia la madrugada vi llover de prisa unas gotas avergonzadas
que escamotean amapolas brillantes al desierto entre los pendientes
    de la cola sedienta,

JERUSA MY LOVE

in jerusa the days are long and from daybreak on
people jump right into the action film
the cowboys in the middle east spit sunflower seeds, whoever's
the furthest

in the garden you can bump into hedgehogs or porcupines
and in your own bed scorpions, and on the ground...
to make things worse, allen took it into his head to vanish on an
afternoon in springtime
jerusa-the-limit
allen, who left without convincing either himself or us
that *your mother which is naomi*
had truly loved him

meanwhile
when the stones, within this place of honor, aren't howling
everyone is shouting.

the storks, in a rush to leave, carry off the wrong packages;
virgins and monks, anchorites and guardians of the temples
pay the piper,
not to mention the rest of us
the payers of tithes, the falsely accused, the donors of blood,
bones and brains.

wildflowers thrive amid car horns, real and not-so-real alarms,
insistent ringing of idle telephones
and I struggle with all my might, by ferocious blows,
to scratch my scabs like marat, among the charlotte cordays, the
zealots, the essenes, the barbed wire fences,
everyone armed and impatient

how many laments, jerusa my love—
today around dawn I saw a few embarrassed drops of rain
snatched up by shining poppies in the desert between the
pendants of the thirsty, milk-white tail
of the comet hale-bopp

lechosa, del cometa hale-bopp
que pregona, empecinado
tonterías milenarias.

al anochecer se apersona en el hotel entre espigas descosidas de
cenas y brindis literarios, un senor de aspecto saludable y optimista
que dice que debo reconocerlo como de mi familia y me cuenta
para que lo incluya, a su pedido, en mi próxima novela que uno de
mis primos corre desnudo por las calles de rehovot y cuando lo
encuentran, dice: —vamos a lo de mamá—, y le repiten que mamá
murió hace mucho pero mucho tiempo como décadas y más
décadas en remota buenos aires y él se pone a sollozar—no me
digas, no me digas—, y se deja conducir, dulce, mansamente a
casa y mañana recomienza de nuevo a querer visitar a papá, y se
quedó de modo irreversible en algún barrio, desvestido, inmune a
los vientos levantinos, jugando a las visitas con los de la neblina

el señor se llama meir e insiste en relatarme sagas de entrecasa y de
todos los días; la retoña de mi prima, la que llamaban reina esther
por bella y caprichosa compró una pizzería con el que era casi su
marido y en vísperas de la boda lo dejó plantado pero se quedó
con el negocio y nosotros pagando todavía la hipoteca; como
visitadora social a estercita le tocaron las prisiones y terminó
enamorándose de su preso favorito, un muchacho que andaba de
reincidente por el mundo de las drogas, pero muy buen mozo, no
hay quien lo niegue y, cuando salió condicional, una tarde ciertos
tipos lo vinieron a buscar y nunca más se supo, y se la vio a la
reinita ester con foto a dos columnas en los diarios del país, luchando
para que los del rabinato la declaren viuda porque el cuerpo del
buenorro nunca apareció y quería casarse embarazada de ocho
meses con un contable para sentar cabeza hasta que los rabinos di-
jeron que de acuerdo pero que no vuelva a las andadas y es viuda
legal y salió, dice meir, para arriba

en los manuscritos del mar muerto combaten entre sí los hijos de
la luz con los de las sombras

para renovado asombro de los estudiosos y el resto de la gente de
            a pie, nadie tiene
nombre, nadie sabe ni puede diferenciar unos de otros

that stubbornly proclaims
millenarian foolishness.

at nightfall in the hotel, between the torn scraps of suppers and
literary toasts, a healthy and hopeful-looking gentleman appears
who says I ought to recognize him as a member of my family and
he tells me, so that I can include it at his request in my next novel,
that one of my cousins runs around naked through the streets of
rehovot and when they meet him, he says, "let's go to mama's,"
and they keep telling him that mama died a long long time ago
like decades and more decades ago in faraway buenos aires and he
starts to sob, "don't tell me, don't tell me," and lets himself be led,
gently, wearily, back home and the next day he starts all over again
wanting to visit papa, and he just stubbornly remained in some
neighborhood, undressed, immune to the levantine winds, play-
ing with the phantoms of the mist

the gentleman's name is meir and he insists on recounting every-
day household sagas; my cousin's kid, the one they called queen
esther because she was beautiful and unpredictable, bought a piz-
zeria with the guy who was almost her husband and the day be-
fore the wedding she walked out on him but he kept the business
and we're still paying the mortgage; doing volunteer work at the
prison little esther ended up falling in love with her favorite pris-
oner, a boy who kept getting caught up in the drug world, but a
very nice guy, everyone says, and after he got out on probation
one afternoon some fellows came looking for him and that was
the end of it, and little queen esther made the national papers, two
columns with photo, fighting to get the rabbinate to declare her a
widow because the nice boy's body was never found and eight
months pregnant she wanted to marry an accountant to hold her
head up until the rabbis said all right but she'd have to behave
herself and she's a legal widow and she came out, says meir, on-
wards and upwards

in the dead sea scrolls the children of light do battle with the chil-
dren of shadows

to the renewed surprise of the studious and the common folk, no

89

pareciera que ganaron por un pelo los de la luz
para convertirse, ya se sabe, en la sombra de lo que fuimos, somos
     y serás

camino con mi amigo, el poeta rami, mascullando doscientos
gramos de ellog abrillantadoo, deegranamos cierta saludable
maledicencia sobre colegas ausentes, intercambiamos atavares de
amantes y cada tanto, por ráfagas, nos embriaga el secreto de los
escribas de qitmit y qumran, cuyas palabras pueden ser leídas por
los niños de primaria de hoy día pero la realidad, la respiración, el
revés y el derecho, el arriba y el abajo, no

uy jeruna do mi corredin, la dh ji sía y de, icquon, la de anémonas
violentas y viejos que divagan doloridos de incoherencia en el asilo
tan soleado

mi fascinación reciente, una poeta con nombre de dalia púrpura y
oscura, que pierde por vaharadas la razón pero encuentra sus gafas
de sol cartier que le gustan tanto dice que hay que revisar el génesis,
está segura que abraham nuestro patriarca quería más a ismael
que a isaac por eso no lo sacrificó, de las mujeres, ni ella, habla
salvo de su madre a quien reverencia como maestra legendaria
por le enseñó que el pueblo judío por ser singular y especial tiene
la obligación, mayor, de ser compasivo y yo contemplo con espanto
los estragos que tanto ídolo sangriento, tantas espinas, tanta
metralla, causan a la tierra, las plantas y la gente

y qué decir del concepto de 'elegido'
fuente donde abrevan las sinrazones todas
las injusticias
los cuadriculados, los pozos
los dameros envenenados, los duelos sin consuelo,
dalia te aparto, te compadezco, suavemente
y agito mi pañuelo de me voy

para pertenecer a la secta detallada en los rollos
había que tener nueve elementos exteriores evidentes
como ser pálido en tierras insoladas, dedos largos, complexión no
     sanguínea

one has a name, no one knows or can differentiate one from the
other
it would seem that the children of light won by a hair
and were transformed, as we know, into the shadow of what we
were, are and will be

I'm walking with my friend, the poet rami, chewing on half a pound
of candied *etrog*, we reel off a healthy dose of slander about absent
colleagues, exchange avatars of lovers and every so often, in flashes,
become enraptured by the secret of the scribes of qitmit and
qumran, whose words can be read by schoolchildren nowadays
but not the reality, the breathing, the inside and out, the above
and below

oh jerusa of my heart, the place of jesús and jesusa, of violent
anemones and old folks who wander aching with incoherence
through the sun-drenched homes

my latest interest, a poet named for the dark purple dahlia, who's
losing her mind in puffs but finds her cartier sunglasses that she
likes so much, says that genesis should be revised, she's sure that
abraham our patriarch loved ishmael more than isaac that's why
he didn't sacrifice him, she doesn't speak about women or herself,
except for her mother whom she reveres as a legendary teacher
who taught her that the jewish people being special and unique
have the greatest obligation to be compassionate and I look with
horror at the havoc that so many bloody idols, so many thorns, so
much shrapnel, wreak upon the land, the plants and the people

and what to say of the concept of 'chosen'
the spring that waters all the nonsense
the injustices
the stratifications, the wells
the poisoned checkerboards, the inconsolable losses,
dahlia I turn away from you, I offer sympathy, gently,
and I wave my handkerchief as if leaving

to join the sect detailed in the scrolls
one had to meet nine external criteria

y más, pero mucho más
con seis cualidades se ponía al adepto a prueba por dos años y, de
     ser bien
observado, pasaba a novicio, a servidor
de quién, de quiénes,
ah los avispados letrados de qitmit...

soberbias, magnánimas, las plantas carnosas de áloe vera
podrían calmar las quemaduras de este zoo y los restantes del sis-
     tema solar
la savia de los que vendrán espera
un mínimo apenas de confianza
ᴍᴍ ᴍᴇ, ʟᴏ ᴇꜱᴛ, ᴇʟ ꜱᴏʟᴇʀᴏ, ᴇʟ ᴀᴜʟᴀᴍᴏ ᴍᴏ ᴇʟ ᴍꜱᴍᴀʀ ᴏ ʟᴀ ᴘᴘᴍᴇʀᴀᴛᴀ
el sexo de la vida

acá los aventureros vienen por marejadas que luego catalogamos,
     sobriamente, por orden de alfabeto
qué / cómo / cuál
con *ese* fueron, por ejemplo, los alfanjes, las cimitarras de saladino y
     suleimán,
los minaretes, armerías, las victorias que se pudren en derrotas,
un amasijo sintético, animista y sincrético a ambos lados de la ruta
     principal
de herrumbres del 48, el 67, el día del ayuno y del perdón

para plantar en el desierto hay que lavar sin cesar la tierra
porque el mar al alcance de la mano se llama muerto o se hace pasar
     por tal,
que para el caso es lo mismo

en primavera la flor nacional es humilde y salvaje, de un rojo fulgu-
     rante
deja tras de sí un reguero flamígero y breve que desquicia los puntos
     cardinales
de la jerusalem celeste y salpica, chisporrotea desafuero en la terrestre

en el juzgado de paz asisto, vaya reiteración obsesiva con el término
a una audiencia donde mi hermano defiende, de oficio, a un joven
que comparece esposado de pies y manos ante el juez por haber

like being pale in sunny lands, long-fingered, not sanguine, and
more, a whole lot more,
with six attributes the adept was put to the test for two years
and, closely observed, passed to novice, to servant
of one, of many,
those clever scholars of qitmit...

splendid, generous, the fleshy plants of aloe vera
could soothe the burns of this zoo and the remains of the solar
system
the sap of those who will come awaits
a bare minimum of confidence
that is to say, the salt, the salem, the cardamom, the rosemary,
the pepper,
the sex of life

here the adventurers come in waves that we later catalogue,
soberly, in alphabetical order
what / how / which
with *that one*, for example, came the cutlasses, the scimitars, of
saladin and suleiman,
the minarets, the armories, the victories that rot in defeats,
a synthetic hodgepodge, animist and syncretic on both sides of
the main route
of rust from '48, from '67, the day of fasting and forgiveness

to plant in the desert you have to wash the soil endlessly
because the sea nearby is called dead or seems to be so, which in
this case is the same

in spring the national flower is humble and wild and brilliant red
it leaves behind a brief flaming trail that unsettles the cardinal points
of heavenly jerusalem and spatters sizzling violence on the earthly
city

in court they speak obsessively of peace to an audience where my
brother defends, because it's his job, a youth who appears before
the judge, bound hand and foot, for having extorted at knife-point
a hundred shekels from a pious and religious citizen in order to buy

extorsionado con cuchillo en yugular ajena 100 shekels a un
ciudadano pío y religioso para proporcionarse su dosis que en
hebreo es maná; como sabe que ochenta le alcanzan devuelve al
individuo veinte, quien más tarde lo reconoce y denuncia,
me guardo para siempre en el bolsillo izquierdo del corazón su
andarivenir taimado y apaleado, su mano de preguntar nada y
también le digo adiós
adiós

me miran estos sedimentos de risotadas y matanzas
de taciturnidades ejemplares
me abro paso entre maullidos díscolos
gruñidos gigantes y retorcidos
me impregno de frituras íntimas y callejeras
de mosaicos
y finjo que me voy

entonces recibo de viva voz, una esquela
indispensable, enmarañada
que me cuelgo al cuello confeccionada
con perlas sombrías de antiguas lágrimas:
quiero que sepas que mamá te quiere.
Sonia.

his fix of what's called manna in hebrew; since he knows that eighty
will do the trick he returns twenty to the plaintiff, who later recog-
nizes him and presses charges; in my left pocket by my heart I shall
always keep his sly and beaten pacing, his hand held out to ask for
nothing, and I say to him as well goodbye
goodbye.

they gaze at me these sediments of bellylaughs and slaughters
of exemplary brooding
I make my way among wild caterwauling
and twisted gigantic geraniums
I'm impregnated by the intimate streetfood
by the mosaics
and I pretend that I'm leaving

then I receive by hand a tangled
indispensable note
that I hang from my neck encased
in the dark pearls of ancient tears:
I want you to know that mama loves you.
Sonia.